SCHNECKENHAUSZEIT

Roswitha Ulbert

SCHNECKENHAUSZEIT

Gedichte

Bibliographische Information Der Deutschen Bilbliothek:
Die Deutsche Bibliothek verzeichnet diese Publikation
in der Deutschen Nationalbibliographie;
detaillierte bibliographische Daten sind im Internet
über http://dnb.ddb.de abrufbar.

© 2006 Roswitha Ulbert
Herstellung und Verlag:
Books on Demand GmbH, Norderstedt
Satz, Layout und Bildgestaltung:
Katja Ulbert
Covergestaltung: Katja Ulbert
Fotos: Roswitha Ulbert
ISBN 3-8334-4731-1

Inhalt

Kat-Zen-Meditation

Für meine Tochter Katja, die eine große Strecke meines Weges gemeinsam mit mir gegangen ist und diesem Buch die äußere Form gab.

Für Heide Komoll, die mich ins Innere meiner Seele führte.

Für Michael Barnett, der mir half, meine spirituelle Heimat zu finden.

Spiel des Lebens

Spiel des Lebens

Nichts,
das
mich festhält.
Nichts,
an dem ich
mich
halten kann.

Wer - Ich ?

Heute die,
und morgen
eine Andere.

Keine Endgültigkeiten mehr.

Ständiger Wechsel
von Energien,
Emotionen.
Sprunghaft
weht der Wind
aus wechselnden Richtungen.

Was bleibt,
ist die Mitte.
das Zentrum.

Unberührt
und ohne Bewegung
liegt es in der Stille.

Ruhe spendend,
Frieden schaffend,
Heimat gebend.
Einziges Glück
von Dauer.

Lebenssinn

Das Leben
Sinn-erfüllt
leben zu können,
aus der Leere
des Daseins heraus,
ist die
zu erfüllende
Aufgabe.

Ich bin
der Sinnsucher,
der Sinngeber,
der Sinn
und das Ziel
der Suche.

Es ist an mir,
mein Leben
mit meinem Sinn
zu füllen.
Jeden Tag
aufs Neue,
jede Stunde,
jede Minute,
jeden Moment
mich fragen:
Wer bin ich?
Was tue ich?

Oder
alles Suchen
alles Fragen
alles Denken
vom Wind
davontragen lassen
und einfach
das Leben
tanzen!

Lustlos

Wie tief
ist sie
begraben,
meine Lust?

Mit wie vielen Schnüren
ist sie
geknebelt,
meine Freude?

Welch lähmende Stille
lässt mein Lachen
verstummen?

Wie dick
und schwer
müssen die
Mauern
des Kerkers sein,
der alle Lebendigkeit
gefangen hält?

Wenn
das Mauerwerk
doch nur
irgendwo
eine brüchige Stelle hätte,
ein kleines Loch,
dann könnte
die Lebenskraft
fließen
und zu einem
gewaltigen Strom werden,
der die Mauern
einstürzen
ließe!

Heilige Flamme

Hier bin ich,
heilige Flamme,
umzüngle mich,
verbrenne mich,
damit ich
aus der Asche
neu
entstehen kann.

Sterben,
um geboren zu werden.

Leben aus dem Tod.

Ewige Metamorphose.

Sein.

Loslassen

Loslassen
will
erkämpft sein,
erlitten,
Schritt
für
Schritt!

Der Schmerz
des Verlustes
will
durchlebt sein!

Bis seine Glut
den Widerstand
verbrennt
und das
Unerträgliche
annehmbar wird.

Zwei Seiten

Wo das
Eine ist,
ist das Andere
nicht weit.

Hinter
der Schwermut
wartet
die Lebenslust,
möchte
befreit werden.

Hinter
der Angst
versteckt sich
unbändige Lust
auf Neues,
Neugier,
Entdeckerdrang.

Hinter
der Traurigkeit
ruht
die Stille,
der Frieden.

Hinter
dem Hass
liegt
weich und sanft
die Liebe.

Alles
ist immer da,
doch wir sehen
nur
das Eine.

Gesang des Lebens

Durchkämpft
das stickige Dickicht
dunkler Wälder.

Verstummt
in meinem Ohr
das Heulen
der Wölfe.

Gesang
des Lebens
tönt lockend von
jeder Blume,
dem Lachen eines Kindes,
dem freien Flug
der Vögel.

Atemhungrig
saugen meine Lungen
die Klarheit
der Luft.

Lichtdurstig
versinken meine Augen
in der Weite des Himmels.

Mein Herz,
erleichtert,
hüpft vor Freude,
singt mit den Vögeln
sein Lied.

Im Wandel

Immer seltener versuche ich,
das Leben
in den Griff zu kriegen.
Immer weniger
hat es mich dadurch
Im Griff.

Immer mehr gelingt es mir,
Widersprüchliches
da sein zu lassen.
Nicht
entweder – oder,
sondern
sowohl – als auch.

Die Polarität aushalten,
eines als die
Kehrseite
des anderen erkennen,
das Miteinander-Verwoben-Sein sehen,
wo ständig sich
das eine in das andere wandelt.

Alles ist im Fluss,
auch ich
bin im Wandel
des Werdens und Vergehens.

Mein Handeln,
Tun und Denken
nährt die Pole,
hält sie am Bestehen
in dieser Welt.
Oft kehre ich
in die leere Mitte zurück,
tauche ein in den Raum des formlosen Seins
und beginne von dort
immer wieder neu
das ewige Spiel des Lebens.

Immer freier,
ruhiger,
gelassener,
wissender,
und verstehender,
mich und dich.

Mein Leben, eine Landschaft

Mein Leben,
eine Landschaft
mit hohen steilen Felsen,
die keck in den Himmel ragen,
schützenden Mulden,
fruchtbaren Ebenen,
stillen Tälern,
kraftvollen Flüssen,
ruhigen Seen,
üppigen Wäldern
und tiefen dunklen Schluchten,
wo man den Weg nicht mehr sieht.

Wandernd Tag für Tag
tauche ich tief
in die ruhigen Seen,
lasse mich vom Strom der Flüsse
vorwärts tragen.
Verweile gerne
in den schützenden Mulden,
wage mich mutig auf steile Felsen,
genieße das saftige Grün der Wälder,
säe und ernte in den fruchtbaren Tälern
und stürze oft unversehens
in ein tiefes Loch,
das mich eine Weile gefangen hält.

Aber aus jeder dunklen Schlucht
führt ein Weg nach oben,
wo hell die Sonne über die Hügel scheint.
Ich muss nur weitergehen,
nicht stehen bleiben
und immer meinen Weg
im Auge behalten,
der mich
ans mir Bestimmte
führen wird.

Mein Weg

Mein Weg
sollte mich anfangs
zu einem Ziel führen,
das meinen Vorstellungen
entsprach.
Kopfweg
in eine bekannte,
äußere Welt,
vorhersehbar,
überschaubar,
berechenbar.

Als alles Erstrebte
erreicht war,
Befriedigung
sich kurz einstellte,
zerbrach
der Boden,
der meinen Füßen
Halt geben sollte.

Bodenlos richtungslos,
fiel ich auseinander.
Wurde aufgeweicht,
in Einzelteile zerlegt.

Die Richtung,
die mein Weg
dann einschlug,
führte mich nach innen.

Schritt für Schritt
spürte ich,
fühlte ich,
sah ich,
erkannte ich.

Zuerst nur das Zerstörte,
das Gelähmte, das Bedürftige,

das Leidvolle und Schmerzhafte,
das mich in dunklen Schluchten
bis an den tiefsten Punkt
hinabsteigen ließ,
erst dort den Weg erkennend,
der wieder nach oben führt.

Immer weitergehend,
das dunkle Tal durchschreitend,
nur den nächsten Schritt im Blick,
ließ ich es hinter mir zurück.
Zaghaft flackernder Lichtschein
erhellte den Weg,
ließ die Richtung ahnen.

Immer klarer leuchtend
zog er mich ins strahlend Lichte.
Wunderbare Welten,
jenseits der alt bekannten,
empfingen mich,
enthüllten mir ihre Geheimnisse,
schenkten mir ihre Reichtümer.
Führten mich in ungeahnte Tiefen,
unbekannte Dimensionen dessen,
was ich bisher für real gehalten hatte.

Hier fand ich
meine Seelenheimat,
mein Zuhause,
das ich im Herzen trage,
wohin ich auch gehe.

Mein Weg führt mich
ständig weiter,
fordert mich heraus,
gestattet nicht,
dass ich mich von ihm entferne.
Erlaubt kein
Zurückfallen

auf alte Wege.

Führt mich an steile Abhänge,
wo ich springen muss,
um weiterzukommen.
Lässt mich oft im Ungewissen,
wie und wo es weitergeht,
führt mich in unwegsames Gelände,
wo ich nicht klar sehen kann,
mich im Dickicht verfange
und wieder befreien muss,
um weiter zu kommen.

Mühelos bringt mich der Weg
in blühende Landschaften,
in Licht getränkte endlose Ebenen,
wo ich die Weite einatme,
die mich grenzenlos macht.

Führt mich auf Gipfel,
auf deren Höhen
mir die ganze Welt zu Füßen liegt,
wenn ich mich
mit ausgebreiteten Armen
laut lachend
vor Freude im Kreise drehe,
bis mir schwindlig wird.

Still, ruhig,
ebenmäßig
fließt der Weg
ohne Hindernisse
ausgeglichen
durch harmonisches Gebiet.
Mitte gebend
meiner Kraft
die gestalten will,
sich äußern will,
zur Erfüllung strebt.

Im Moment versinkend,
scheint das Schreiten
manchmal still zu stehen.
Mich vergessend
im zeitlosen Raum,
bin ich
ohne Gestern und Morgen
dort, wo ein Teil von mir
immer schon war,
und wo der Weg
mich hinführen will,
damit ich
für immer
eins
damit werde.

In der Begegnung

In der Begegnung

In der Begegnung mit dir
will ich
die sein können,
die ich bin.
Will mich
zeigen können
in meiner Unvollkommenheit,
ohne meine
Narben und Wunden
zu verstecken.

Im Zusammensein mit dir
brauche ich Raum
für mein Alleinsein.
Deine Nähe zulassend,
nehme ich in Kauf,
verletzt zu werden.
Ich will dir verzeihen
und neu beginnen können.
Ohne Angst will ich
die Auseinandersetzung
mit dir wagen.

Wenn wir uns beide
In unserem So-Sein
annehmen,
können wir
die Schönheit entdecken,
die in der Einmaligkeit
des Anders-Seins
liegt.

Seelenbegegnung

Ganz weich
ganz offen
schwimmen
zwei zarte Blüten
auf ruhigem See.

Ganz entfaltet
die Seelenblätter
um den zarten Kelch
aus Liebesstaub
schweben sie
umeinander
und miteinander

Gefühle schwingen
hin und her
und lassen die Seelen
leise vibrieren.

Sehnsucht

Wenn ich
die Augen schließe,
und an dich
denke,
kann ich nicht mehr
die Gegenwart
deines Körpers
spüren,
der nah
bei meinem liegt,
rieche nicht mehr
den Duft deiner Haut,
die meinen Körper
berührt.

Ich spüre mich,
berühre
meinen Körper.
Er fühlt sich
weich und warm an.

Ich rolle mich zusammen,
umfasse mich
mit meinen Armen
und wiege mich sanft.

Sehnsucht
erfüllt mich,
lässt meinen Körper
vibrieren.

Enttäuschung

Ich wollte
in deinem Herzen
ankommen.

Da hast du mir
die Tür
vor der Nase
zugeschlagen.

Ich bin traurig,
aber
ich spüre mich.

Meine Tränen
werden gespeist
aus dem
unendlich tiefen See
auf dem Grunde
meiner Seele.

Zufallsblicke

Zufallsblicke,
ineinander fallend!

Betroffen
vom plötzlichen Erkennen
der Seele,
die sich unverstellt
im Auge mitteilt.

Berührt,
bewegt,
verstehend.

Berühre mich

Berühre mich
vorsichtig,
sanft,
zart,
denn mein verletztes Seelenkind
empfindet mit feinem Gespür
jede Lieblosigkeit,
jede Grobheit,
jedes Wehtun
und ist sofort bereit,
sich in einen Werwolf
zu verwandeln,
der dich
mit spitzen Krallen
in deine Grenzen weist
und dich
das Fürchten
lehrt.

Wenn du jedoch
den kindlichen Werwolf
annehmen kannst
und respektierst,
verwandelt er sich
augenblicklich
und schenkt dir
seine Liebe.

Menschen – Zeiten

Menschenscheue Zeit,
empfinde Schritte hinter mir
als unangenehm.
Weiche zufälligen
Begegnungen aus,
brauche Abstand,
freien Raum um mich.
Liebe es dann,
über große, leere Plätze
zu gehen,
bleibe in der Mitte stehen,
die mich umgebende
Weite genießend.

Menschenbad-Zeit,
stürze mich
ins Getümmel,
weiche Berührungen
nicht aus,
liebe die Nähe
von fremden Körpern,
fühle mich dazugehörig,
genieße das
Dabeisein.

Begegnungs-Zeit,
stimme mich ein
auf mein Gegenüber,
öffne mein Herz.
Spüre die Schwingung
des Anderen,
die mich
mitschwingen lässt.
Nahrung,
Erfüllung,
Freude und Heilung
für meine Seele.

Schneckenhauszeit

Schneckenhauszeit,
wenn ich
meine Fühler
einziehe
und mich
ins geschützte
Gehäuse
zurückziehe.

Unabgelenkt
mit mir
und bei mir
bringe ich
meine verstreuten
Seelenteile
zurück
in die Mitte.

Bis mich
Lust auf Begegnung
herauslockt
und ich
vorsichtig tastend
meine Fühler
wieder
nach Außen
strecke.

Von dir zu mir

Wie lebhafte kleine Vögel
fliegen
bunt gefiederte Worte
mit leichten Flügeln
durch den Raum.

Von dir zu mir,
zu ihr, zu ihm,
weben sie
ein feines Netz
der Freude.

Jede mit jedem
verbindend
in der Leichtigkeit
des Seins
in diesem
Augenblick.

Mir Mutter sein

Mir selbst
Mutter sein,
auch Vater und Kind.
Mir Schwester
und Freundin sein.

Dir Mutter sein können,
für ihn Schwester sein,
für sie die Freundin,
er für mich der Bruder.

Er als dein Vater,
für ihn Freund sein,
ich seine Schwester,
du sein Kind.

Wir alle
vom selben Ursprung,
jeder jedem
Alles sein
in dieser
Weltenfamilie.

An mein Kind

So wie Mutter Erde
Pflanzen, Blumen, Bäume
wachsen lässt
und nährt,
so will ich dich
mein Kind
in meinem Leib
keimen lassen,
will dich nähren,
damit du wachsen kannst.
Will deine zarten Triebe schützen,
damit sie nicht zerbrechen.
Will deinen kleinen Ästen
Raum und Licht geben,
damit sie sich entwickeln können.
Will deinen zarten Knospen
viel Wärme geben,
damit sie nicht erfrieren
bevor sie zu saftigen Blättern werden
und Früchte tragen.
Will dein Wachstum
nicht beschneiden,
nicht beengen
oder in eine Form zwingen.
Will es geschehen lassen können,
dass dein Lebensbaum
sich so entfaltet
wie er dir gemäß ist.
Will ihm Nährboden sein
solange du ihn brauchst,
und dich loslassen,
wenn du
eigene
Wurzeln schlagen willst.

Seelengestalten

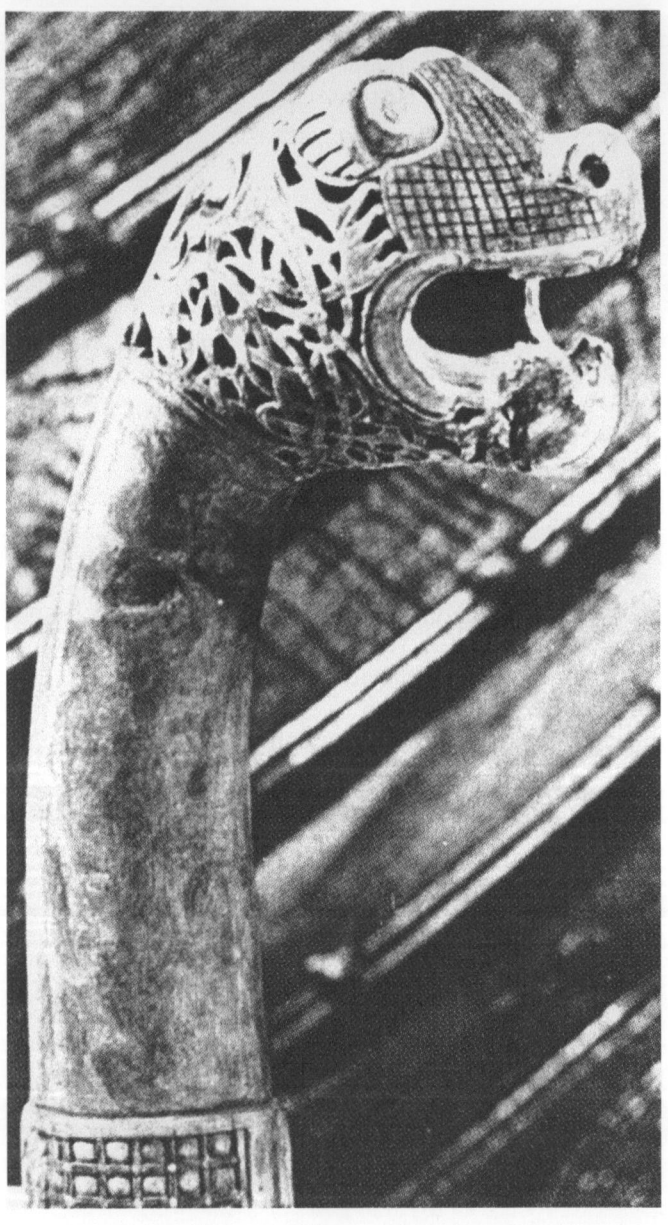

Seelengestalten

Lange
war ich nicht
bei euch wundersamen Gestalten,
die ihr
auf dem tiefsten Grund
meiner Seele wohnt.

Fürchtete mich vor euren
Ungeheuern,
zehnköpfigen Schlangen,
den verschlingenden Zyklopen,
dem brennenden Blick der Dämonen,
den glühenden Augen der Teufel,
und trank so auch nicht
von dem Nektar
eurer süßen Früchte.

Genoss nicht
die heilsame Berührung
eurer Engel
und Feen,
spürte nicht die Kraft
eurer frechen Hexen und Kobolde,
die Macht eurer Zauberer.

Jetzt wage ich es,
euch entgegenzutreten.
Ich weiß,
ich bin eure Herrin!
Und klopft ihr an,
so öffne ich bereitwillig
die Tür
und heiße euch willkommen.

Abgeschnitten

Abgeschnitten,
mir selbst
fremd.

Tränenlos,
voll von
ungeweinten Tränen.

Wo ist der Schlüssel,
der die Tore
der Schleusen
öffnet?

Angst

Angst
umhüllt mich
wie ein eisiger Mantel,
liegt bleischwer
auf meinen Gliedern,
drückt mich
mit ihrem Gewicht
in eine gekrümmte Haltung.

Lässt mich den Kopf einziehen
und den Rücken buckeln.
Macht das Gehen
schwer,
jeden Schritt
mühselig,
jede Bewegung
gelähmt.

Hält mich mit tausend Schnüren
an jeder Faser
meines Körpers gebunden.
Krampft
Herz und Seele zu einem Klumpen,
der bleischwer
im Brustkorb liegt
und drückt.

Keine Sonne scheint,
alles ist eisigblau.
Ich liege frierend
mit kurzem Hemdchen
mitten in der Eiswüste.

Keiner
deckt mich zu.

Schatten

Oft habe ich sie verleugnet
meine Schwester,
die Hässliche,
die Verkrüppelte,
die nicht aufrecht gehen kann,
die Neidische, die Missgünstige,
die Rachsüchtige,
die Gierige,
die Gemeine,
die Ängstliche,
die vor Scham verschwinden möchte,
die Ungeliebte,
die nicht lieben kann,
die sich selbst in Ketten legt
und mit Hass bestraft.

Lange war sie im dunklen Keller versteckt,
tauchte dann und wann
ungebeten auf und überfiel mich.
Jetzt habe ich sie ins Licht geholt
und in ihre Augen geschaut.

Da erkannte ich sie: sie war
die Einsame,
die Geschlagene,
die Hilflose,
die Alleingelassene,
die Schwache, die Getretene, die Verzweifelte,
die Bedürftige,
voller Sehnsucht nach meiner Liebe.
Ich nahm sie in den Arm
und wiegte sie sanft.

Da weinte sie kristallene Tränen
und verwandelte sich.
Ich sah,
sie war
mein Zwilling.

Öffnung

Tief innen,
wo die Gefühle
versteckt liegen,
ist eine Tür
aufgegangen.

Bereit,
aufzunehmen,
bereit,
hereinzulassen,
bereit,
zu fühlen.

Verletzlich

Durchscheinend dünn
und verletzlich
ist meine Haut bisweilen.
Schützt kaum
das Zarte,
Verletzliche
im Innern.

Einen Kokon
möchte ich mir
dann weben,
aus zarter Seide,
durchsichtig
und weich,
in dem ich
so lange
meine Wunden
pflege,
bis mir
Schmetterlingsflügel
gewachsen
sind,
die mich dann
mit schwebender Leichtigkeit
davontragen.

Stark – Schwach

Nur wenn ich
wirklich stark bin,
kann ich
meine Schwäche
annehmen.

Bin ich
innen schwach,
muss ich
im Außen
meine Stärke
demonstrieren.

Wenn ich
stark genug bin,
um mich
in meiner
Verletzlichkeit
schwach
zu zeigen,
erwächst daraus
von innen her
die Stärke,
die sich nicht
beweisen muss.

Die,
sich ihrer selbst
bewusst,
Selbst-Bewusst-Sein
schafft.

Wunden

Den Wunden
meiner Seele
sind bunte Blumen
erwachsen,
die strahlend
ihre Blüten entfalten.

Das schmerzende Wundblut
hat sich
in süßen Nektar
verwandelt,
der aus den Blüten tropft,
und meine Seele heilt.

Welt-Sicht

Grauer Schleier
meine Seele bedeckend,
kleidet die Welt
in graues Gewand.

Dieselbe Welt
im Licht erstrahlend,
wenn meine Seele
leuchtet.

Mein Geist,
die Welt
erschaffend
im resonanten
Kleid.

Vollkommenheit

Wenn die Seele
den Körper verlässt,
vielleicht schwebt sie dann
mit Flügeln
in der Farbe des Himmels
ins unendliche Blau.
Unsichtbar werdend,
damit verschmelzend.

Befreit vom Gewand
irdischer Bedingtheit
strahlend
im ursprünglichen Glanz
unbefleckter Vollkommenheit.

Schauend
auf die Widersprüche
der Welt,
die sie dereinst,
gefangen im Körper
mitgestaltet hat.

Herzblüte

Mein Herz,
eine Blüte,
sich tausendfach entfaltend
wie ein Lotus,
dem Schlamm entwachsen.

Sehend
mit den Augen
der Schönheit
das Schöne in Allem.

Hörend
mit den Ohren
der Vollkommenheit
die Harmonie aller Töne.

Atmend
die Kraft
von Himmel und Erde,
pulsierend
mit dem Herzschlag
der Welt.

Krieger des Herzens

Sei bereit!

Umarme deinen Schmerz.
Schau deiner Angst
ins Auge.
Nimm deine Wut an.

Begegne deinen
inneren Widersachern,
Dämonen und Verführern
mit Offenheit und Geduld.

Tritt ihnen mit
klarem Blick und
Aufrichtigkeit entgegen.
Mache sie zu
deinen Verbündeten.

Sie zeigen dir
den Weg
zu Freiheit und
öffnen dein Herz
für die Liebe.

Der junge Tag

Am frühen Morgen
klopft der junge Tag
an mein Fenster,
lädt mich ein,
mit ihm zu gehen.

Ich sehe, er trägt
den Mantel aus Gold,
gewebt aus unzähligen
neuen Momenten.

Die Taschen gefüllt
mit Möglichkeiten,
unzählig auch sie
und unbekannt.

Bestickt mit den Perlen
des Neubeginns,
der Frische
und der Leichtigkeit.

Habe dich früher oft verkannt,
hielt dich für einen Bettler,
immer im selben schäbigen Kleid,
folgte dir nur widerwillig
und sank am Abend erschöpft
in die Arme des Schlafes.

Doch heute erkenne ich dich,
empfange dich,
offen und bereit!

Du reichst mir den goldenen Mantel.
Er kleidet mich, er schmückt.
Ich bin deine Königin,
Gebieterin meines Tages.

Wenn ich still werde

Was ich bin

Wenn ich
still werde,
bei mir bin,
befreit
und gereinigt vom
Unwesentlichen,
Überflüssigen,
bin ich,
was ich wirklich bin.

Bin nichts
im Besonderen,
doch alles,
was möglich ist,
jemals möglich war
und möglich sein wird.

Ein Punkt,
in sich vollkommen
die Ganzheit
enthaltend.
Verbunden
mit allem
das Ganze
erschaffend.

Alleinsein

Im
Alleinsein
finde
ich mich.

Sehe
ich mich,
verstehe
ich mich.

Tröste
ich mich,
vergebe
ich mir,
liebe
ich mich.

Werde
ich heil
und
ganz.

All Eins

Resonanz

Horchen,
spüren,
lauschen
auf das,
was ohne Worte
spricht,
sich jenseits von Konzepten
mitteilt,
ohne Wissen
erfahrbar ist.

Offen sein,
aufnehmen,
was im Raum schwingt.

Sich einstimmen
auf den Klang
des Gespürten,
sich mitschwingen lassen.

Ein-Klang
sein.

Engel

Manchmal ist es,
als ob Engel
mit leisem Flügelschlag
mein Herz berühren,
so dass ich innehalte.

Feines Schwingen
durchschwebt den Raum,
durchflutet die Seele
mit sanften Strömen.

Berührung voll Liebe
die jede Zelle
lächeln lässt,
mich zum
Strahlen bringt.

Ganz offen im
Fühlen, Spüren,
Empfinden,
stehe ich still
und genieße
den Moment.

Traumbilder

In der Stille
des Morgens,
hänge ich meinen Träumen nach.

Wolken in Lila und Blau
umschweben mich,
hüllen mich ein.

Traumbilder,
in die ich hineintauchen
und mich darin
versenken kann.

Meinen
gerupften Flügeln
sind
ganz zarte
kleine
Federchen gewachsen.

Vielleicht
kann ich
bald
wieder fliegen!

Inspiration

Wenn ich
in mir
zu Hause bin,
mich selbst bewohne,
flüstern mir
Engel der Musen
Botschaften ins Herz.

Türen öffnend
zu Räumen
jenseits von Sprache.
Brücken bauend
zwischen den Welten
des Unendlichen
und des Begrenzten,
lassen sie mich
Zeugnis ablegen
mit Worten
vom Unaussprechlichen,
Unsagbaren,
das sich mitteilen will.

So wie eine Blume spricht,
ein Baum,
ein Fisch,
ein Fluss,
eine Wolke,
ein Berg.

Wie die Gestirne
des weiten Himmels
künden
von der kosmischen Ordnung
des Ewigen,
das sich im Jetzt zeigt.

Dem Zeitlosen,
das sich im Vergänglichen spiegelt.
Dem Formlosen,

das sich unendliche Formen schafft.
Der Leere,
die sich als Fülle erfahrbar macht.

Stille

In der Stille
tritt
alles Verdeckte
hervor,
alles Versteckte
wird
sichtbar.

Ungehörtes
teilt sich mit
dem unabgelenkt Lauschenden.

Ungesehenes
tritt
sichtbar hervor
dem inneren Auge.

Nicht Zugelassenes
wird erfahrbar
dem Fühlenden.

Begrenztes
löst sich auf
ins Grenzenlose.

Bekanntes
überschreitet sich selbst
ins Unbekannte.

Die Stille
entkleidet
das Ich
vom Schutz
leerer Worte,
gesagt,
um zu schaffen
ein Bild
von sich selbst.

Stille gibt Raum
der Angst,
nichts zu sein
und
erlöst
die Furcht
im Empfinden
wortloser Verbundenheit.

Stille
enthält
alle Antworten
ungesagt
in der
sich lautlos mitteilenden
Wahrheit.

Befreit
von der Begrenztheit
alles Begrifflichen
enthüllt mir die Stille
wer
ich wirklich
bin.

Stille
führt mich
und dich
ins namenlose Mysterium,
das uns
mit Liebe
verbindet
und uns
in seinen Armen
trägt.

Der Unendlichkeit begegnen

In der Weite des Raumes

In der Weite
des Raumes
zu schweben,
frei wie ein Vogel.
Mich ausbreitend,
so dass ich
das ganze All umfasse,
alles bin,
was ist,
alles was ist,
in mir.

Mein Atem
pulsierend
als der Atem
der ganzen Welt.
Alle Freude
in mir,
alles Leiden
in mir,
alles Wünschen,
alles Bangen.

Wissend,
dass es so ist,
wie es ist
und gut ist.

Mein Innerstes,
unberührt,
unbeschadet
von allem,
trägt mein
Menschsein
und das
der ganzen
Welt.

Angekommen

Nach
langem Suchen
im Außen
bin ich im
Innen
angekommen,
sinke tief
in mich hinein
bis auf
den Grund
dessen,
was ich bin.

Hier wartet
der unsichtbar
strahlende
Diamant
auf mich,
durchscheint mich,
löst alles
Begrenzte auf.

Da ist nur noch
ein Lächeln,
schwebende Leichtigkeit,
ein Zerfließen
in die Weite,
und mein Atem.

Ich bin.

Meditation

Mit dem
Ein und Aus
des Atems
sinke ich
tiefer
und tiefer
in mich hinein.

Schicht
um Schicht
durchdringend
von außen
nach innen.

Mich häutend
bis auf den Kern,
verschmelzen
Innen und Außen
im Licht.

Offene Weite,
unbegrenzte
Schwerelosigkeit.
Sein im
unbekannten Raum.

Feder im Wind

Wenn es dir bestimmt ist,
der Unendlichkeit
zu begegnen,
muss dein Kreis brechen,
zerstört werden,
damit er sich
zur Spirale öffnen kann.

Die ewigen Kreise
sind die Wege der Sicherheit,
der vermeintlichen,
die Trampelpfade des
immer Wiederkehrenden,
des Gewohnten,
des immer schon so Gewesenen,
an dem der Mensch klebt,
das er festhält
und nicht loslassen will.

Aufgebrochene Kreisbahnen
sind sprunghafte Wege,
unsicher und
unvorhersehbar
in ihrem Verlauf,
ängstigend
und spannend zugleich.

Je mehr sie sich
zur Spirale öffnen,
desto befreiender
und lustvoller werden sie,
desto leichter
und schwereloser wird ihr Lauf,
bis du anfängst
zu schweben,
leicht wie eine Feder,
getragen
von den Winden
der Unendlichkeit.

Glück

Wissend
um die
Vergänglichkeit
von allem,
was beginnt,
lasst uns suchen
nach dem Glück,
das unabhängig
vom Außen
sich einstellt.

Das von innen kommt
aus der Mitte,
dem Ruhen
in sich selbst,
aufgehoben
im Vertrauen
auf die Vollkommenheit
dessen, was ist,
wie immer
es sein mag.

Ohne Anfang und Ende

Alles,
was gedacht,
gesagt,
getan wird
und geschieht,
ist schon
als Samen
im formlosen Ozean
des Geistes,
dem Urgrund allen Seins
vorhanden.

Still ruhend
ohne Zeit,
Raum,
Form
und Gestalt
ist es
unteilbar
und leer
doch voller Fülle
des Ungesagten,
Ungetanen,
nicht Verwirklichten.

Ohne Anfang und Ende
ruht es
als Potential
in der ewigen Stille
und gebiert
von dort
seine Kinder
in die Welt.

Vision

Auf
der Spitze
des Gipfels
des höchsten Berges
der Welt sitzend,
bin ich,
getragen vom Raum,
verwurzelt auf Erden
im Himmel.
Mich in der Vertikalen weiterdenkend
über Kopf und Füße hinaus
werde ich
zum Erde-Himmels-Strahl,
der sich,
ins All verströmend,
in der Unendlichkeit verliert.

Momente der Ewigkeit

Unzählig wie Sterne
am Nachtblau des Himmels,
sind die Momente,
von der Ewigkeit
ins Jetzt geschickt.

Ozean der Möglichkeiten,
unendlich in seiner Vielfalt
und Verschiedenheit.
Unermesslich weit,
sich nie erschöpfend.

Jeder Moment
frisch und leer,
zu füllen mit meinem Sein.
In sich tragend Unbegrenztes,
nicht Festgelegtes,
was sein könnte.

Füllhorn für Früchte
meines Lebens,
gewachsen aus dunklem Morast,
gereift im saftigen Grün
weit verzweigter Äste
im lichten Blau des Himmels.

Dem kahlen Ast
entsprießen Knospen

Kreislauf

Dem
kahlen Ast
entsprießen
Knospen
im Frühling,
die Blüten
voll Duft
hervor bringen,
woraus dann
im Sommer
saftige grüne Blätter
erwachsen,
die sich im Herbst
bunt färben,
welk werden,
herabfallen
und den Ast
im Winter
kahl
zurücklassen,
dem dann
im Frühling
Knospen
entsprießen.

Frühlingsahnen

Metallenes Wellenspiel,
spiegelgleich.

Glitzernde Sonnenfunken
blitzen
auf blauem See.

Boote im Dunst.

Graublauer Himmel
am Horizont
lässt
schneebedeckte Berge
durchscheinen.

Die Sonne wärmt schon!

Frühlingserwachen

Ganz plötzlich
sind sie da!
Erregen
die Blicke
des an winterliches Grau
gewöhnten Auges.

Blüten,
gelb und blau
drängen sich
durch die noch
frostharte Erde,
leuchten
im kahlen Braun
verdorrter Blätter.

Beleben
das blasse Grün
ausgelaugter Wiesen
mit kraftvoller Präsenz.
Stehen aufrecht da,
klein und stark
in natürlicher Schönheit.

Eröffnen
den Kreislauf von
Wachsen,
Blühen
und Vergehen,
jedes Jahr
aufs Neue.

Sommerabend am See

Voller Mond
leuchtet gelb.

Wortfetzen
im lauen Wind.

Leiser Wellenschlag.

Von ferne
ein Lachen.

Schatten
im fahlen Licht.

Schwäne
gleiten lautlos
im metallenen See.

Aufdringliches
Schnattern der Enten
durchbricht
dann und wann
die Stille.

Ich sitze still
und lausche.

Vollmondnacht

Voller Mond
hell und rund
am nachtblauen Himmel.

Sterne funkeln,
graue Wolken schweben.

Schwarze Bäume
stehen still
und bergen
Geheimnisse.

Katzen klettern
auf dünnen Ästen.

Rascheln und Knistern
im Gras.

Grillen zirpen
ohne Ende.

Wer
wollte da
schlafen gehen?

Spätsommer

Hörst du
den
wundervollen Ton?

Unzählige Stare
füllen
mit ekstatischem Gesang
einen Baum
ehe sie sich
in die Lüfte
erheben,
Kreise ziehend
im Himmel
verschwinden,
fernen Ufern
entgegen
in ein
anderes Land.

Oh, hätte ich Flügel!

Herbst

Wenn draußen
stürmische Winde brausen
und ich fröstele,
mache ich es mir
drinnen
in mir selbst
so richtig heimisch.

Beziehe
innere Räume
wo ruhig lodernde Flammen
inneren Feuers
schützende
Wärme
verbreiten.

Großes Finale

Bevor die Blätter verwelken
feiern sie ekstatisch
ein Farbenfest.

Schwelgen in Buntheit,
leuchten pompös
im Festtagsgewand.

Tanzen im Wind
den Abschiedstanz,
wirbeln im großen Finale dann
rauschend und raschelnd
zum Boden.

Leuchten bunt
als Blättermeer
bis ihre Pracht
allmählich vergeht
und sie,
vom Blühen satt,
vollendet ihr Sein,
zum Welken bereit.

Winter am See

Großer Zauberer Sonne
lässt tausend Silbersterne
feuerwerksgleich
tanzen
auf eisblauem See.

Kristallene Zapfen
wachsen bizarr
von Ästen ins Wasser,
glänzen und strahlen
im hellen Licht.

Steine schillern
Diamanten gleich,
von gläsernem Eis bezogen.

Dünner Schnee
bedeckt das Ufer,
knirscht frostig
bei jedem Schritt.

Mein warmer Atem
verströmt sich
wie feiner Nebel
in die winterkalte Luft.

Wie Wasser sein

Wie Wasser sein

Wie Wasser sein,
ohne festgelegte Form,
doch vollkommen
alles ausfüllend,
was Form gibt.

Weich sein,
doch mit unermüdlicher Kraft
Titanenwerk vollbringen
und harte Felsen abschleifen.

Still und ruhig sein können,
doch auch
voll mitreißender Lebendigkeit,
stürmischer Kraft.

Ungeahnte Tiefen haben,
und doch
an der Oberfläche
mit den Wellen spielen können.

Sich in seinem Lauf
von nichts aufhalten lassen,
was im Weg liegt,
sich einfach eine neue Bahn suchen.

Lebenselixier sein,
Nahrung für alles,
was lebt und wächst.

Bereit zur Transformation sein,
sich auflösen können
und wieder neue Form annehmen.

Sich im Fließen ständig neu verströmen,
um dann am Ende des Weges
mit dem großen Ozean
zu verschmelzen.

Seesommer

Mein Körper,
pulsierend von gleißendem
Sonnenlicht durchdrungen,
ausgestreckt
auf der warmen Erde.

Die Haut,
gebettet in Sand und Steine
prickelt und kitzelt,
kühlend gestreichelt
von frischem Wind.

Seegeruch strömt
in meine Lungen.
Schläfrige Trägheit
schleicht sich
in meine Glieder,
lässt sie schwer
auf den Boden sinken.

Gleichmäßiges Rauschen der Wellen,
Klickern der Segelboote
und Möwengeschrei
verschmelzen
zum magischen Seegesang,
der mich
im dösenden Halbschlaf
versinken lässt.

Vom See getragen

Wenn ich mich
auf dem Rücken
im Wasser liegend
vom See tragen lasse
und nach oben schaue,
verschwindet die Welt.

Da ist nur noch weiter blauer Himmel!

Mir ist, als würde ich
schweben.
Ohne festgelegte Bahn, noch Ziel
mich einfach treiben lassen,
nur die Wolken als Weggefährten.

Bis ich mich
so körperlos fühle,
dass ich aufhöre,
mich zu bewegen,
und nur
das sanfte Einsinken ins Wasser
mich daran erinnert,
dass ich ein Mensch,
und der Schwerkraft
unterworfen bin.

Welle, Wasser, Wind

Stürmische Winde
blasen
graue Wolken,
verdecken
das Blau,
verstecken
die Sonne,
schäumen
die Wellen,
rauschen
rhythmisch
das Wasser.

Ich bin
die Welle,
das Wasser,
der Wind.

Sturmwind

Still
am Ufer stehend
trinken
meine Augen
die Weite des Sees,
das Blau des Himmels.

Plötzlicher Wind
kräuselt das Wasser,
beugt die Äste
des biegsamen Busches
bis zum Boden.

Zerzaust
mir die Haare,
durchdringt
meine Kleider
bis auf die Haut.

Stürmisch,
mit kühler Frische
umbraust er mich!
Fegt alles weg,
was meine
Klarheit,
meine Reinheit
verdeckt!

Ja, komm
du wilder Windgott!

Ich lache,
öffne meine Arme
und gebe mich
dem wilden Brausen hin!

Blättertanz

Rauschend
spielt der Wind
sein Lied
auf den Blättern
des Baumes,
der rhythmisch
im Tanze
sich wiegt.

Verebbender Wind
beendet den Tanz,
lässt rauschenden Blättergesang
verstummen.

Still, bewegungslos,
weißer Stamm
und Zweige
im blattgrünen Tanzkleid.

Herbstsee

Von grauem Nebeldunst bedeckt,
graublau der See,
graublau das Ufer am Horizont.

Die Farben erblasst,
gedämpft das Licht,
die Formen schemenhaft.

Kein klarer Blick,
nur verschwommene Ahnung dessen,
was hinter dem Schleier
versteckt.

Still,
bewegungslos der See.
Gelenkt der Blick nach innen,
still auch hier – der Geist,
ruhend,
im Moment.

Baumseele

Frage den Baum
nach seiner Seele,
er wird sie dir offenbaren.

Berühre ihn,
spüre ihn,
nimm ihn mit deinen Augen
in dir auf.
Lehne dich an seinen Stamm,
umarme ihn
und lausche in dich hinein.

Die Antwort findest du
in deiner Seele.
Mit Bildern und Geschichten,
Gefühlen und Erinnerung
spricht sie zu dir
in der Sprache des Baumes.
Spiegelt dir
seine Einfachheit,
Weisheit, Reinheit
und Schönheit,
die auch in dir ist.

Rauhnächte

Dunkelzeit,
wenn die Nacht dem Tag
die Stunden stielt.
Schon früh
die Dämmerung schickt
und erst spät
dem Licht der Sonne weicht.

Rückzug der Natur
zum innersten Kern,
wo verborgen
im Dunkeln keimt,
was außen wachsen will.

In meinen Augen
Sehnen nach Licht.
Suche nach Licht
in meiner Seele.
Mein Schauen,
gerichtet nach innen,
verweilend in der Stille.

Mein Seelenhaus
im Dämmerlicht
lässt Seelensamen keimen,
für neue Frucht,
die reifen wird,
wenn ihre Zeit gekommen.

Kat-Zen-Meditation

Kat-Zen-Meditation

Wenn du dich
wohlig
auf meinen Schoß
bettest,
sanft deinen Körper
an meinen schmiegst,
zärtlich
deinen Kopf
in meine Armbeuge schiebst,
dann liebe ich dich!

Samtenweich,
schnurrend vibrierend
wärmt mich dein Körper,
bringt mich dazu,
ruhig zu verweilen,
nichts zu tun,
nur zu sein,
im Moment.

Kat-Zen-Meditation!

Wach geschnurrt

Wach geschnurrt
von der
samtfelligen
Mitbenutzerin
meiner Schlafstätte
beginne ich
den Tag
wie diese
genussvoll
mit Räkeln
und Strecken.

Katzen Pädagogik

Gewiss weiß ich,
dass es nur aus Liebe geschieht,
wenn du mir
deine gefangene Beute
lebendig nach Hause bringst.
Du handelst aus Fürsorge
und aus pädagogischen Gründen.

So wie jede Katzenmutter
ihren Kindern das Jagen beibringt,
willst auch du mich
in dieser Kunst unterweisen.
Deshalb bringst du mir
die Mäuse quicklebendig
in die Stube,
lässt sie entwischen
und schaust zu,
wie sie unter einem Schrank verschwinden
und so bald nicht mehr
zum Vorschein kommen.
Du blinzelst entspannt,
weißt du doch, dass jetzt
mein Part kommt.

Deine Lehrmethode ist erfolgreich,
ich kann jetzt wirklich Mäuse fangen!
Kenne alle Schlupfwinkel,
in die sie sich
in ihrer Todesangst verkriechen,
stöbere sie auf,
mit einem dünnen Baumwolltuch bewaffnet,
das ich dann sanft auf sie herab gleiten lasse,
hebe vorsichtig Tuch mit Maus hoch,
trage es nach draußen
und schenke dem Tier die Freiheit.

Das entspricht allerdings nicht
den von dir gelehrten Regeln,
an diesem Punkt geraten

deine Raubtiernatur
und meine empfindsame Seele
in einen Interessenkonflikt.

Trotz aller Liebe zu dir
kann ich mich nicht
mit dem Gedanken anfreunden,
Mäuse zu verspeisen.

Auch im Vogelfangen
bin ich geübt.
Wenn du,
vorsichtig einen Vogel im Maul tragend,
in die Küche kommst, weiß ich,
was ich zu tun habe.
Ich zupfe dich am Schwanz,
du machst dein Maul auf,
und der Vogel flattert in die nächste Ecke.

Auch hier ist meine
Maus erprobte
Baumwolltuchmethode
von Erfolg gekrönt.
Wenn ich den kleinen Vogel umfasse,
und davontrage,
spüre ich, wie sein Herz heftig klopft,
der kleine Körper vor Angst bebt.
Ich setzte ihn draußen
in einen Blumentopf.
Hoffend, dass er
nach überwundenem Schock wegfliegt.

Für dich
eine verschenkte Chance,
für mich
ein verhinderter Mord!
Wenn du jedoch Fliegen fängst,
ist mein Mitgefühl für deine Opfer
eher begrenzt.

Ich lasse dich gewähren.

Für dich ist kein Opfer
zu unbedeutend zum Jagen,
ich dagegen werte und wähle
nach meinen Maßstäben.

Wenn du dich
nach vollbrachter Arbeit
ausgiebig reinigst und putzt,
und dich schnurrend
auf meinem Schoß niederlässt,
weiß ich,
dass ich in deinen Augen
zwar ein schlechter Jäger,
aber ein gutes
Ruhekissen
bin.

Kampfes Lust

Katzen
Kampfes Lust
und Kunst
erprobt sich auch
an einem Sofa,
das einfach da steht
und es wagt,
dem Wüten der Krallen
standzuhalten.

Katzentreue

Eigenwillig zurückhaltend,
fast diskret
zeigst du mir
deine Treue.

Wartest auf mich,
läufst aber weg,
wenn ich näher komme.
Tauchst plötzlich wieder
vor mir auf,
streichst um meine Beine.

Kommst nicht gleich,
wenn ich dich rufe,
erst nach angemessener
Unabhängigkeitsbetonungsfrist.

Als ob du wüsstest,
dass damit
die Beweise deiner Zuneigung
zu einer hochgeschätzten
persönlichen Auszeichnung
werden,
in deren Genuss
nicht jeder kommt,
die du nicht jedem
zuteil werden lässt!

Ganz kätzisch bist du
in deiner Treue!

Das liebe ich so
an dir.

Unabhängig

Du bist
unabhängig,
kommst und gehst,
wann du willst.

Lässt dich nur liebkosen,
wenn es dir passt.

Hungerst lieber,
als etwas zu essen,
das dir nicht schmeckt.

Genießt die Vorteile
von zivilisiertem Leben,
schläfst in weichen Betten,
bleibst aber im Inneren
wild und ungezähmt
immer dir selbst
treu.

Unbestechlich eigensinnig
aber sanft und leise
tust du nichts,
was du
nicht willst.

Manchmal
lerne ich
von dir,
du meine
samtpfotige
seidenfellige
Lebensgefährtin!

Katzenblick

Wenn du deine
grünen Augen
auf mich richtest
und mit deinem Sphinxblick
durch mich hindurchschaust,
mache ich mir so
meine Gedanken.

Siehst du etwas,
was ich nicht sehe,
wenn du mich
so unergründlich
durch-blickst?

Schaust du in
die Ewigkeit, ins Nichts
vom erdenhaften
Hier und Jetzt
deines weichen Kissens?

Verweilst du
in tiefer Versenkung
und schwebst mit
deinem Geist im
sphärischen Katzenhimmel?

Oder sinnierst du
tief im Innern
deiner Katzenseele
über das Zusammensein
von Mensch und Tier,
von dir und mir?

Oder tust du
nichts,
denkst du nichts,
willst du nichts,
- bist -
einfach nur?